एहसास

अयांश कुमार

Made with ♥ on the Notion Press Platform
www.notionpress.com

ये छोटी सी किताब मेरे मन और समझ के बोहोत करीब है
मैंने जितना सीखा और समझा उसे इसमें बोने की कोशिश की
है
मै इसे मेरी माँ को समर्पित करता हु।

क्रम-सूची

क्रम-सूची

1. उम्र और दर्द

लिखना भी चाहु तो ना लिख पाउ
तूने ये कैसा हिसाब लगाया ऐ ज़िन्दगी
दर्द ज्यादा है और समय कम

2. व्यवहार

अगर सब बता देते तो तुम भी कहा
साथ होते,
सच जान्ने की इच्छा रखती है
ये दुनिआ , अगर बता देते तो ,
हम भी कहा माफ़ होते।

3. समझ

अपनी बातो में आयी जो कमी,
अब मुझे पसंद है ,
मिल तो रहे ही है सब मोहब्बत के
नाम पर , पर मेरी मुलाक़ातों में आयी
जो कमी,अब मुझे पसंद है ,
झूठ को सच ओर सच को झूठ बताना
जानती है दुनिआ अपने रंगो को छुपाना
जानती है दुनिआ ,
क्या हुआ जो आँखों की चले गयी
थोड़ी रौशनी ,
चीज़ो के पीछे दौरने में आयी जो कमी
अब मुझे पसंद है।

4. समय और इंसान

ये बात हे तबकी जब हमें नींद आती थी

हम भाग कर दोस्ती निभाते थे

ओर साथ बैठकर कुछ गाने गाते थे ,

माँ की फटकार रोज़ सुबह जगती थी ,

स्कूल के शोर में भागते हम ,

हर लम्हा जी जाते थे ,

कहा रह गए दौड़ में पीछे ,

ये दुनिआ अंक देखकर बताती थी,

ये बात हे तबकी जब हमे नींद आती थी ,

समय गुजरा ,

लगता था सुबह देर से हुई,

पर नींद देर से थी ,

काफी कुछ लेगया ये वक़्त हमसे ,

बारी अब कुछ करने की थी ,

सड़क पर हुए खड़े जब सवेरे के लिए ,

सवेरा जिसे लोग सपना भी कहते थे

आयी फिर सपनो की वो बस ,

कई चेहरे और उनका वजन उठाये ,

बड़ी धक्का मुक्की थी वहा

रस्ते में ही गिर जाते , कई मुसाफिर

ओर मुश्किल से किसीको सीट मिल पाती थी

ये बात हे तबकी जब हमे नींद आती थी।

5. आखिरी बस

शायद वो सफर की आखिरी बस होगी
जब हाथो में हाथ थोड़े काम होंगे
साँसे थोड़ी ठहर कर चलेंगी,
ज़िन्दगी की हर तस्वीर जब आँखों
के सामने पड़ी होगी
शायद वो सफर की आखिरी बस होगी ,
मुस्कुराते चेहरे जब मिलने आएंगे
हाल चाल के साथ कुछ आखिरी यादे
दे जायेंगे ,
हसना चाहेंगे हम भी , पर आवाज़ कम
और आँखों में नमी होगी ,
शायद वो सफर की आखिरी बस होगी
सपनो के महल जब सामने खड़े पाएंगे ,
बड़ी मेहनत से खड़ा किया जिनको
खेल लगेगा सब , मन में फकीरी और
आंखें सर चढ़ी होगी
सायद वो सफर की आखिरी बस होगी।

6. हौसला

सुना है तू खो चूका है खुदको ,
खोना ही था, ये सफर ही कुछ ऐसा है ,
यह कौन तेरे खुदके जैसा है ,
जिसे खोया वो तू कहा था ,
वो तो खुद इस दुनिआ के जैसा है ,
चल अब मंज़िल आगे का रास्ता दिखाए
सवेरे सुनहरे और राते जगमगाये
कुछ अपने और कुछ अपने जैसो के लिए जीना
तेरा इस दुनिआ में आने का मक़सद पूरा होजाये।

7. यादे

कभी मेरे हक़ की भी बात हो ,
छूने चले जो पुरानी यादे ,
मेरे हाथ में तेरा हाथ हो ,
पर ऐसा होता नहीं
अपनी पलकें कभी नम न रहे
किसी की याद किआ जाये और साथ
गम न रहे
मुश्किलों से पानी होती है
ज़िन्दगी की हर मंज़िल
पर ऐसा होता नहीं मंज़िल मिले
और उनका साथ भी ,
तो कभी अगर बताना अपने किस्से इस
दुनिआ को ,
खुदा करे उस वक़्त खुदा तेरे साथ हो
और कभी मेरे हक़ की भी बात हो।

8. चेहरा

हर शक्सियत में जब वो नज़र आये ,
आँखें बंद हो या खुली उसे देखना चाहे ,
मन अपनी हर बात मीत जो लिखा जो पढ़ा
मीत को सुनाना चाहे ,
कही अच्छे कही बुरे रहे हम ,
कही राखी समझ कही छोड़ चले हम
मुश्किलों का दौर कोई कैसे बिताये
ना हो कोई साथ जब ,
खुदा करे रखु हाथ पे हाथ अपना
तो तेरा साथ मिल जाये ,
फिर उठे कलम मेरी , और दोनों एक
सुन्दर गीत लिख जाए।

9. ज़माना

खुदको भूल भी जाओ तो ये याद रखना
वक़्त रूठ भी जाये तो ये याद रखना
खुदको बनाने की कोशिश करता ह इंसान
पर जो खुदको मिटाये ज़माना बस उसे याद
रखता है।

10. मासूमो की आवाज़

ये वक़्त है सबको परखता है ,
एक वक़्त था जब जबान नहीं थी ,
इंसान के पास भटकता था जंगलो
में उन्ही की तरह, जिनके घर छिनके
तू उन्हें अपने ही घर से दूर रखता है ,
जब उड़े कुछ परिंदे अपना पेट भरने को
हमारी तरह ,
शाम को जो लौट के वापस आये तो घर नहीं ,
मासूमियत देखो उनकी , घर कटे उनके
पर वो अपना ही पता गलत समझता है ,
समझ में आये तो अब बारिश को
उनके आंसू जानना ,
फर्क जानना हो तो देखना राख होने के बाद
उसमे और तुझमे क्या बचता है।

11. कीमत

आँखें नम हो तो किसीकी याद आयी होगी
या ज़िन्दगी और घर की ज़िम्मेदारिओ ने आवाज़ लगायी होगी
पलके जब झुके और गिरे उनसे कुछ आंसू
तो समझना अपनी ही 'मैं 'से ठोकर खायी होगी
हाथ पकड़ना उस वक़्त सही लोगो का और सब्र करना
ज़िन्दगी ने कही न कही तेरी कीमत सही लगायी होगी।

12. इंसान और भगवान

रात तेरी दिन भी तेरे ,
तेरे उजाले तेरे अँधेरे ,
तेरे जुगनू तेरी तितली
चाँद के दाग तेरे
सूरज की चमक तेरी
बाटने वालो ने खूब बाटा
जंगलो और जानवरो को भी खूब काटा
परिंदो के घर छीने कैद में राखी तेरी
हर जान , उचाइयां छूने को जो बना
गिर चूका है वो इंसान
अब वो खुद तो ऊपर न उठ पाएगा
बन जाये तू भी उसके जैसा ,
वो तुझे भी खुदके जैसा बताएगा।

13. समुन्दर

इंसान झूठ बताता फिर रहा अपनी शान बहार
और लड़ रहा अंदर था ,
लेहरो को वेहम था अपने उठने का
जबकि उठ रहा समंदर था।

14. ऑंखें और चेहरा

मेरी ऑंखें और चेहरा दो अलग अलग
शक्सियत है , एक का बहार की दुनिआ
से राब्ता है , और एक अंदर की दुनिआ का
आइना ,
ये सब तुम्हे मेरा आलम बतायंगे
यकी आये तो मुझसे बात करना
मेरा हाथ पकड़ना , मेरी दुनिआ का एक हिस्सा बनना
लगे फरेब तो बिना बताये अपनी रहे अलग करना ,
इन राहो के अलग होने के बाद भी मेरा एक ख्याल
साथ रखना ।

15. पंछी

पंछी झटपटाते फिर रहे
पिंजरे में अपनी एक उड़ान के लिए
लोगो ने अपना कल बेच दिया
अपने आज के लिए।

16. अच्छा और बुरा

अगर तुम हर तरफ से अच्छे हो ,
फिर तुमसे बुरा कोई नहीं।

17. मन की मजबूरी

मेरी आदते या चाहते कुछ भी पहले जैसी नहीं रही

शायद उनको पहले जैसा रखना ही मेरी गलती हो ,

में तो गलती करता रहूंगा , इंसान जो ठहरा

आवारगी इस मन की काफी भारी लगती है।

इसके नाच में आना भी कोई आसान काम नहीं

मनो ज़िन्दगी दाऊ पर लगानी पड़ती है।

कभी कभी न चाहते हुए भी ये दाऊ पर लग जाती है

अब कौन संभाले इसे , कहा से लाऊ ताक़त इसे बटोरने

की ,

अपने ही टुकड़े बटोरते में लोगो की हसी का सामना कर

नहीं पाता

ये कैसी मजबूरी है मेरी

ये कैसी मजबूरी है मेरी मन की।

18. हिसाब

हिसाब लगाने निकले जब इस ज़िन्दगी की किताब से ,
बहुत लुटे हम अँधेरे में वो भी शान से ,
ऐसे तो पढ़े लिखे , पर लिखे पढ़े थे नहीं ,
जो हिसाब न लगा पाए , उन् पलो की
एहमियत का , जिसका मनो खुदा से कोई नाता हो ,
उस परदे के पीछे की दुनिआ जब हलकी से दिखी ,
ये ऑंखें अचानक से रो उठी ,
कितना भूले से थे ये एहसास आया
कितना लुटे हम ऐ ज़िन्दगी जब हिसाब लगाया।

19. ऐ दिल ऐ मुसाफिर

ऐ दिल ऐ मुसाफिर मेरी बात मान ,
यह सब पुराना है , ये दिलो की अदला - बदली ,
ये वादों के महल , ये तारो की बाते , ये नकली मुस्कुराते,
इन्हे इस दुनिआ का भ्रम जान ,
मालिक की रज़ा न रही तो तू कहा चेन पाएगा ,
इन कसमो वादों के पीछे तू खुद को दौड़ाएगा
ऐ दिल ऐ मुसाफिर , तू अब शांत होजा ,
दुनिआ को कितना अपना मालिक बनाएगा ,
तू ठहर , रुक , सब्र कर तुझे अनंत का कुछ
न कुछ आस पास ही मिल जायेगा।

20. भूल

आज अपनी कुछ भूलो को पसंद कर लिया ,
भागते दौड़ते भी किसी की चाहत का सब्र कर लिए मैंने ,
इन यादो के फेर की कुछ बाते निराली है ,
देखि किसी के माथे पे बिंदी ,
हाथ में मेहँदी और फिर कसमो, वादों ने जकड लिया
दास्तान ऐ ज़िन्दगी एक बात बता ,
किसी की मुस्कराते तुझे क्या इतना सताती है,
क्या तुझे खबर है तू बंद दरवाज़ों के पीछे कितना
रुलाती है।
देखकर इन् सड़को पर फिर कोई उसके जैसा ,
दिल में बेचैनी और होठो पर मुस्कराहट क्यों आजाती है ,
और फिर चाहे अलग ही हो रहे ,
जिन सड़को से गुजरा करते थे
वह फिर से चलने की ख्वाहिश क्यों सताती है ,
दास्तान-ऐ-ज़िन्दगी मुझे एक बात बता सकती है ?

21. मन रे

धीरे धीरे से रे मनवा ,
धीरे धीरे से तू प्यार करना जान ,
रूहानी जिस्मो के पीछे तू ही एक पागल नहीं ,
इस बात को पहचान
बूंदे झलका आँखों से प्यार की
खुदा अपना और सब पराया जान
पूछे क्या इस दुनिआ से सचाई इन रातो की ,
यह सवेरे में भी नहीं जाता गुमान ,
धीरे धीरे से रे मनवा
तू प्यार करना जान।

22. रुक कर देखना

अचानक से मेरी उम्मीदों में एक ठहराव आगया
जान ली जो इनकी हक़ीक़त तो कुछ हिसाब याद आगया
मेरी सोच , सपने, इच्छा और अपने भी खा थे अपने
पाने चले थे खुदको , खुदा के बन्दों ने खुदसे ही
मुझे अलग करवा दिया।

23. आदत

क्या अच्छा और क्या बुरा ,
यह किसको बताना है
सहना ही पड़ेगा ये दर्द ये
तक़लीफो का ज़माना है ,
कुछ अपने ही बिछाये जाल है
और कुछ दुसरो के
अब इस बात को समझकर सबसे छुपाना है।

अध्याय24